ख़ुशी चार आंसू हज़ार

A COLLECTION OF TOUCHING POETRY AND SHAAYARI

परवाना

ABOUT THE AUTHOR

PARWANA is the pen name (तखल्लुस) of the author, who is highly educated, and highly experienced as a senior executive in high-profile large corporates. He is widely travelled all around the world, has lived in many countries, and has seen life from up close. It has been both his passion and work to observe people's behaviours and lives. He has spent considerable time amongst down-trodden poor households as well as in the rising upbeat party culture of the affluent ... and has seen blooming and glooming of relations in both. Parwana has been writing since his school days. As years passed by, his teenage love, imaginations and fantasies got further enriched by a wealth of serious experiments and experiences as described above. It is the latter, the pain, that is captured in this collection, which is his first ever published book. The youthful 'love' collection will be coming up soon in his next book. Author can be directly contacted on **parwana.sg@gmail.com**

ख़ुशी चार आंसू हज़ार

A COLLECTION OF TOUCHING
POETRY AND SHAAYARI

परवाना

ZORBA BOOKS

ZORBA BOOKS

Published in India by Zorba Books, 2018

Website: www.zorbabooks.com
Email: info@zorbabooks.com

ISBN Print Book - 978-93-87456-25-9
ISBN eBook - 978-93-87456-25-9

Zorba Books Pvt. Ltd.(opc)
Gurgaon, INDIA

Printed at Repro Knowledgecast Limited, Thane

DEDICATION

उन सबको मेरा प्यार भरा सलाम
मैं लिखता हूँ अपना ये कलाम, उन सभी के नाम

जिन्होंने मेरे अन्दर दर्द जगाया
मेरी छुपी हुई हिम्मत से मुझे वाकिफ़ कराया

एक बार दर्द सहने की आदत क्या लगी
हौले-हौले जैसे एक नशा ही बन गयी

और नशे में डूबने का जो मज़ा है
वो भला ख़ुशी से जीने में कहाँ है

परवाना

ACKNOWLEDGEMENTS

मेरी पहली पुस्तक के लिए
मेरा प्रथम प्रणाम माँ शारदा के लिए
तत्पश्चात, मेरे स्वर्गीय माता–पिता
एवम गुरुजनों के चरणों के लिए

... and then, I am really thankful to my morning walk group. For the last one year, every day, I used to crack a few couplets for them, and we would all cherish the joy of sharing them. It is their appreciation and constant encouragement, which prompted me to put together my writings in the form of this book.

आप सब तो मेरी प्रेरणा हैं
दुआ है, इसी तरह हँसते–हँसाते रहें
आप हमारा हौंसला बढ़ाते रहें
और हम आपका दिल बहलाते रहें

And, finally, I want to express my sincere thanks to all the photographers, whose great pictures I have used as illustrations in my book.

मैं

ना कवि हूं, ना शायर
ना हिन्दी में प्रखर हूं, ना उर्दु में माहिर
बस, जो शब्द, जैसे भी ज़हन में आये
मैंने इन पन्नों में, आपके लिये सजाये

इन्हें गीत कहो, शेर, गज़ल, या कविताएँ
मेरी रचनाओं में बसी हैं, मेरी अपनी भावनाएँ

आशा है, आपको पसन्द आयेंगी
आपकी अपनी भी कुछ झलकियाँ दिखाएंगी
दिल के अन्दर के जज़्बात उभारेंगी
थोड़ा दर्द जगाएंगी

आँखों में दो आंसू सजाएंगी

परवाना

ज़िन्दगी बहुत हसीन है
इसे प्यार से गले लगा के तो देखो
दुनिया बहुत रंगीन है
किसी से दिल लगा के तो देखो

यूँ तो ग़म बहुत हैं ज़माने में
छोटी-छोटी ख़ुशियाँ, मना के तो देखो
कांटे भी कभी चुभ जाते हैं, फूल सूंघने में
ख़ुशबु को साँसों में बसा के तो देखो

हर किसी में मिल जाएगी अच्छाई
अपने मन में अच्छाई, बसा के तो देखो
छोटे से बच्चे में दिख जाएगी सच्चाई
सर को ज़रा नीचे झुका के तो देखो

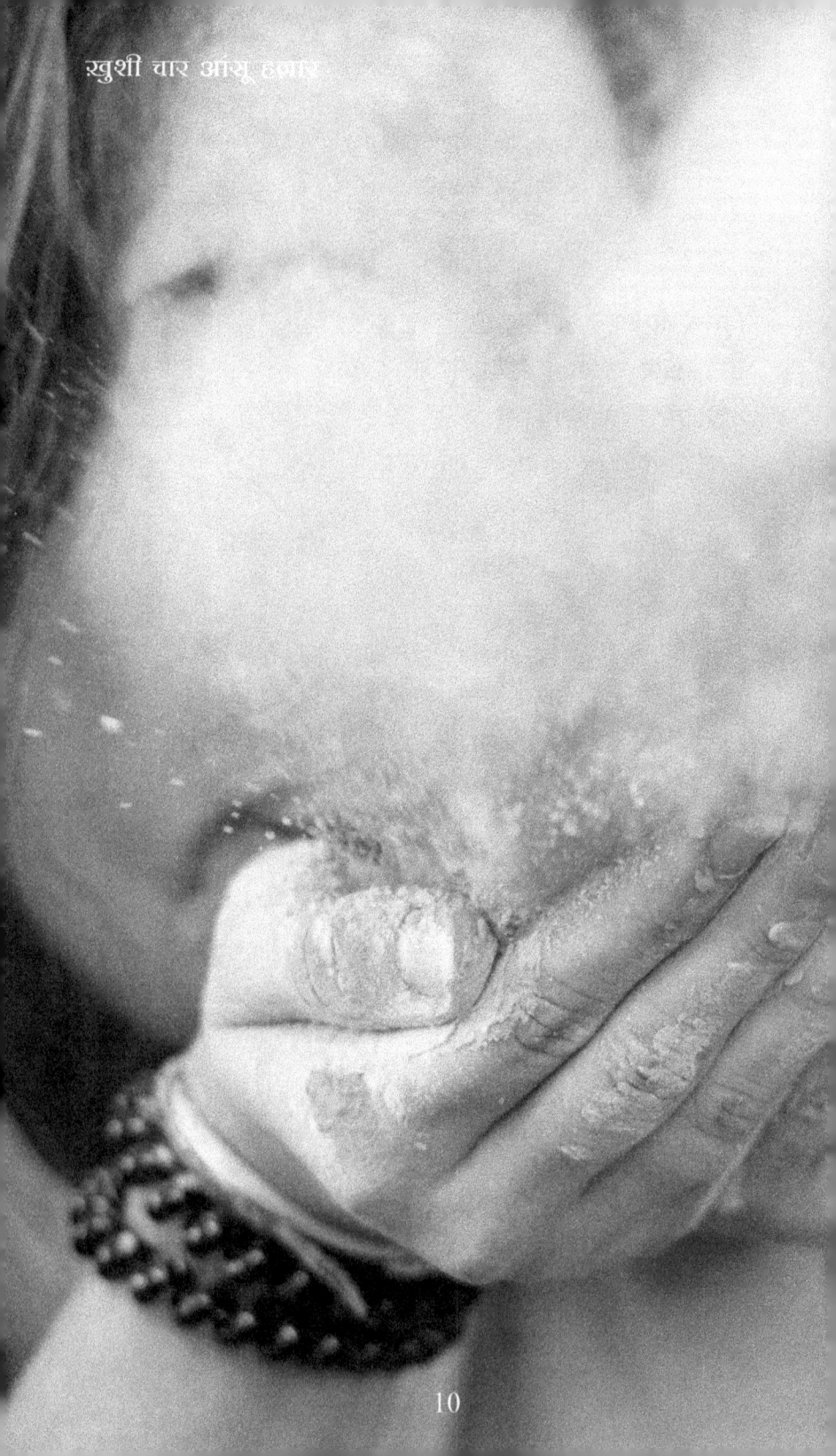

ज़िन्दगी के कई रंग
कुछ तन्हा, कुछ अपनों के संग
कुछ दर्द, कुछ मधुर प्रसंग

ना जाने कितने मिलते हैं, कितने छूट जाते हैं
कुछ मासूम से अपने, कुछ पराये दबंग
कुछ लगे दूर से लुभावने, पर पास से बेढंग
कुछ सुफ़ी साधू निकले, तो कुछ मस्त-मलंग
कोई मिलता है बदन से थका, पर लिये है मन में उमंग
तो कोई दिखता है हट्टा-कट्टा, पर सोच से अपंग

कभी मीठी शरबत पिलाती है ज़िन्दगी
तो कभी कड़वी-नशीली शराब और भंग
कभी डोर थमाती है अपने हाथों में
तो कभी बनाती है दूसरे के हाथों की पतंग

यही है ज़िन्दगी का चलन, यही है इसका ढंग
हर रंग में जो ख़ुशी से रंग गया
वो रंगीनियों में जी गया
जो दामन बचाता रहा, वो खड़ा रह गया दंग

और जब गया, तो गया जैसे बेरंग-बैरंग

11

रिश्ता वही ख़ास होता है
जिस में एक विश्वास होता है
एहसान की कोई गुन्जाईश ही नहीं
बस प्यार का एहसास होता है

दुनिया में सिर्फ़ एक रिश्ता है, प्यार का
बाकी सब तो बस बन्धन है, बेकार का

यूं तो रिश्ते बहुत से होते हैं हर इन्सान के
पर कहाँ हर कोई रिश्ते निभाता है
कहते हैं माँ-बाप रूप होते हैं भगवान के
पर उनसे भी हर कोई लड़ता ही नज़र आता है

मतलब की है दुनिया, मतलब से हैं लोग
पैसे की है दुनिया, रुतबे से हैं लोग
अपना कौन है, ये बुरे दिन बता देते हैं
यूं तो अपना होने का, कितने ही करते हैं ढोंग

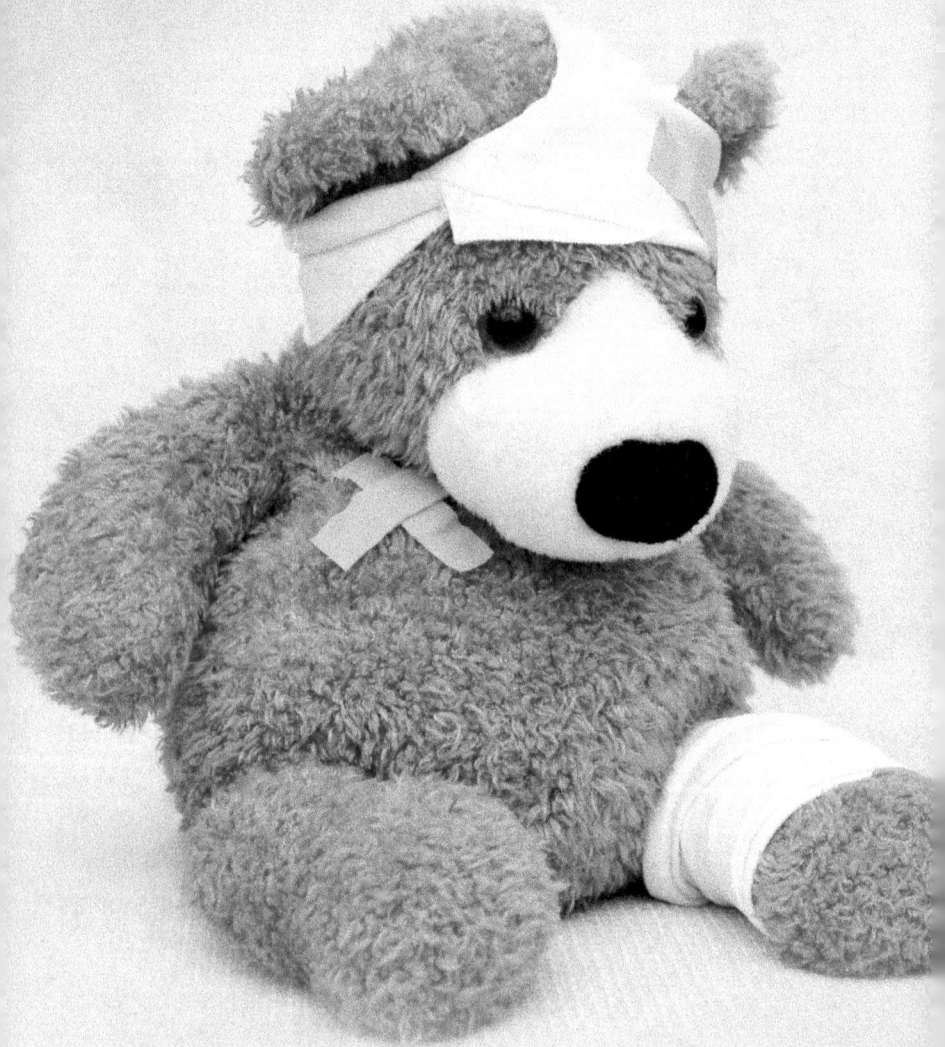

दिन ज़िन्दगी के हैं फ़क्त चार
सोचा था, बटोरेंगे और बांटेंगे खुशियाँ बेशुमार
बहुत कोशिशें की मुस्कानें कमाने की
पर दुनिया ने दे दिये, आंसू हज़ार

आँखें तो मगर दो ही हैं, कैसे समाएंगे, कहाँ जाएंगे
बहते रहे, तो जज़्बातों का सैलाब लाएंगे, कहर ढाएंगे

तूने जो दिये हैं ज़िन्दगी
वो ज़ख्म भरते ही नहीं
ना जी ही पाते हैं ठीक से हम
और कम्बख़्त, मरते भी नहीं

वक्त का मरहम बहुत लगा चुका लेकिन
ज़ख़्मों के निशान हैं, कि मिटाए नहीं मिटते
कीमती तगमों से हैं, ये तजुर्बे मेरे
सीने पे सजते हैं, दीवार की खूंटी पे नहीं टंगते

हर रोज़ उम्मीद की
एक लौ जगा लेता हूँ
पर वक्त के झौंके
उसे बुझा ही जाते हैं

रोज़ हँसने-हँसाने की
कोशिश हज़ार करता हूँ
पर हालात हैं
कि रुला ही जाते हैं

कोशिश करता हूँ
कुछ हसीन लम्हों को याद करने की
पर ग़म इतने मिले हैं
कि चन्द खुशियाँ भुला ही जाते हैं

कोशिश करता हूँ
सुन्दर सपने सजाने की
पर फिर आंसू
पलकें भिगो ही जाते हैं

आशिक हूँ मैं, इश्क करता हूँ
ज़िन्दगी से, ज़माने से
कौन कहता है ज़िन्दगी मुश्किल है, ज़माना बुरा है
एक बार उतार के तो देखो इनको अपने पैमाने में

इश्क करता हूँ मैं
अपनों से, बेगानों से
बस यही एक तरीका है पहचानने का
जाने कब कोई फ़रिश्ता मिल जाए, इन्सानों में

इश्क करता हूँ मैं
पेड़ों से, परिन्दों से, खेतों से, खलिहानों से
ये दिलकश नज़ारे जो दिल बहलाते हैं
तो डर नहीं लगता मुझे रास्तों के वीरानों से

इश्क करता हूँ मैं
अपने सपनों से, अरमानों से
क्यूंकि मुझे इश्क है अपने वजूद से, अपने हौंसले से
यकीन है, एक दिन लिख जाउंगा अपना नाम आसमानों पे

इश्क करता हूँ मैं
उन दीवानों से, जो अपनी लगन में भिड़ जाते हैं चट्टानों से
इश्क करता हूँ मैं शमा के परवानों से
जो जल जाते हैं, मन नहीं बहलाते बेकार के बहानों से

FULL
EMPTY

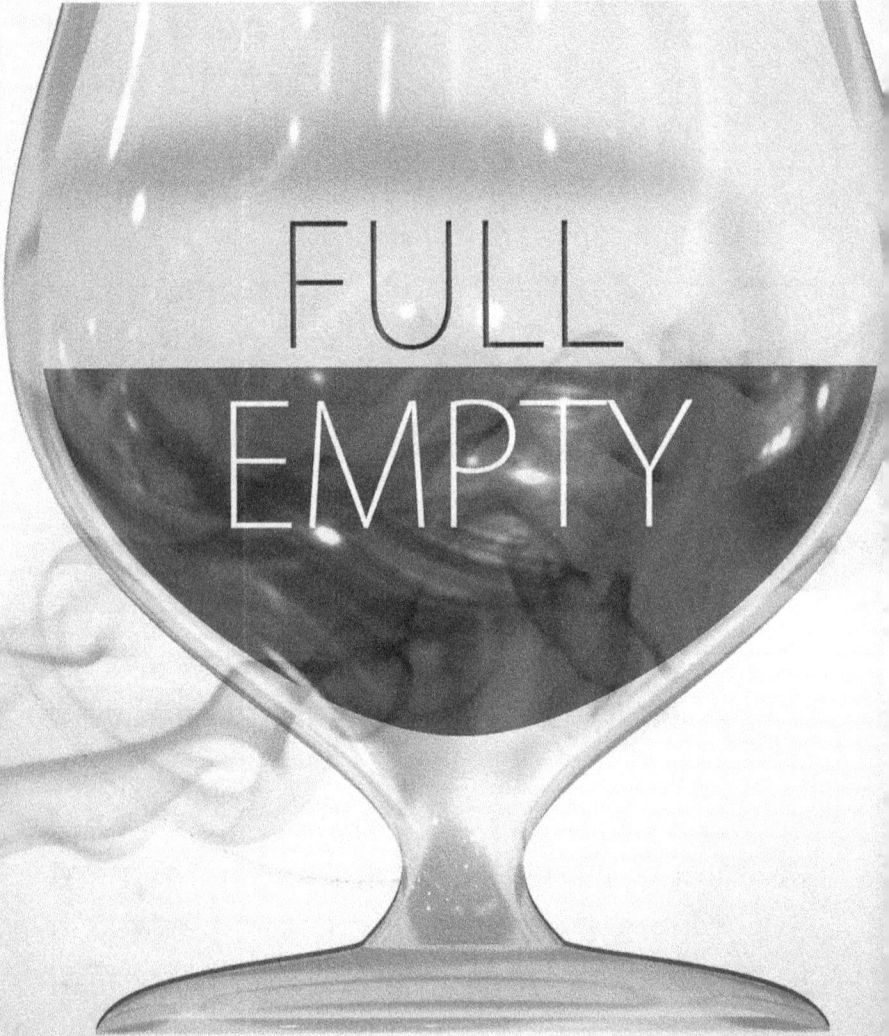

एक तरफ़ नफ़रत है, और दूसरी तरफ़ चाहत
दोनों में ही होती है, ग़ज़ब की ताकत
जहाँ नफ़रत में हर कोई, बुरा नज़र आता है
वहीं चाहत में हर लम्हा, सुनहरा नज़र आता है

नज़रिया सही हो, तो बिना नज़रों के भी
नज़ारा सही और साफ़ नज़र आता है
वरना सिर्फ़ नज़रों से देखो, तो कभी झूठ में सच
कभी सच में झूठ, और सब कुछ ख़िलाफ़ नज़र आता है

अपनों का साथ मिल जाए
तो जीने का नज़रिया बदल जाता है
जो कल नामुमकिन था
वो आज आसान नज़र आता है
किसी का प्यार मिल जाए
तो जीने का अन्दाज़ बदल जाता है
मुश्किलों से घिरा इन्सान भी
रगींन और ख़ुशगवार नज़र आता है

इश्क वो जज़्बा है
जो सिर्फ़ महसूस किया जाता है
इसका इज़हार ज़ुबां से नहीं
नज़रों से किया जाता है

आशिकी किसी जुनून से कम नहीं यारों
रगों में बिजली सी दौड़ जाती है
दुनिया की कोई परवाह नहीं रहती
माशूक के लिये, ये कुछ भी करवाती है

कभी इज़्ज़त, कभी शौहरत, कभी दौलत
सब कुछ हवा में उड़वाती है
उनकी नज़रों में बड़ा बनने के लिये
कभी अपनी ही नज़रों में गिराती है
बेख़ुदी का आलम ये होता है यारों
कि कहीं दुश्मनों से समझौता करवाती है
तो कहीं दोस्ती को दांव पे लगवाती है

फ़िर भी सच तो यही है
कि आशिकी ही जीने का मज़ा देती है
बरबादी का नाम दे लें लोग, मुहब्बत को
पर इसकी बराबरी इबादत से की जाती है

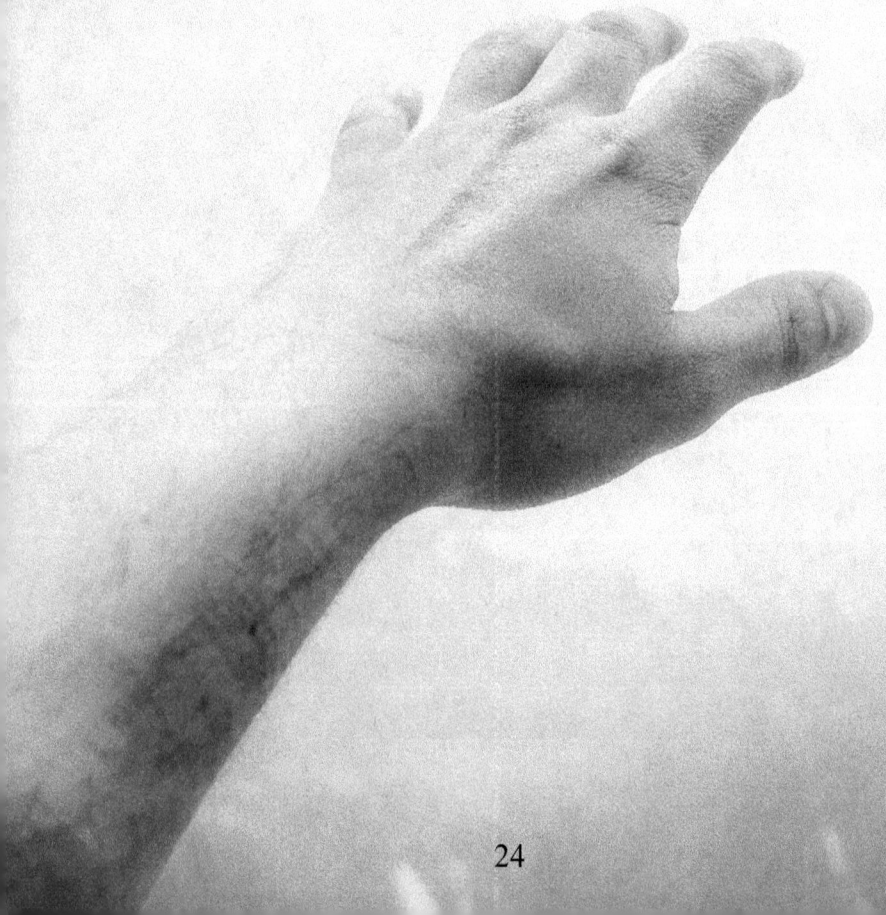

मझधार में डूब जाते, तो ग़म ना होता
हमें तो डुबोया है वापिस धकेल कर, किनारों ने

पाँव फिसल के गिर जाते, तो ग़म ना होता
हमें तो गिराया है टांग फंसा के, सहारों ने

पतझड़ में मुरझा जाते, तो क्या बड़ी बात थी
हमें तो मसोस दिया, ख़ुद चमन की बहारों ने

बदनाम कर देते पड़ौसी, तो क्या नई बात होती
इज़्ज़त नीलाम कर दी,अपने ही घर की दीवारों ने

दुश्मन हँसी उड़ाते, तो आसानी से सह लेते हम
महफ़िल में मज़ाक बना दिया, ख़ुद अपने ही यारों ने

इतना दर्द दिया है तूने, यार ऐ मेरे
नफ़रत सी हो गई है मुझको, प्यार से तेरे

बह गया जीवन से मर्म, आंसुओं का पानी बन कर
रह गया हूँ सूखी नदी की रेत की तरहां
चर गए फसलों को डंगर, रौंद कर मुझको
बेकार कर दिया है, बंजर खेत की तरहां

तिल-तिल के जल रहा हूँ, एक लम्बे समय से मैं
सुलगती राख़ के सिवा, अब देने को कुछ नहीं
धुंआ-धुंआ हो चुके हैं, अब दिल के सभी अरमां
बाकी रहा है अब, कहने-सुनने को कुछ नहीं

छतों का भार अब मैं, और ज़्यादा ढो नहीं सकता
ढह रहा हूँ, पल-पल टुटती दीवार की तरहां
ज़िन्दगी में किसी रोशनी की तलाश नहीं अब
ज़िन्दा हूँ बस, एक लाईलाज बीमार की तरहां

लगता है दुनिया में कहीं भी इंसाफ़ नहीं है
शायद बनाने वाले की अपनी ही नीयत साफ़ नहीं है
किसी को तो कत्ल की कोई सज़ा नहीं होती
और किसी को उंगली उठाना भी माफ़ नहीं है

कहते हैं उसके घर में देर है, अन्धेर नहीं है
अंधे कुँए में गिरने से बचा लेता है, जब कि वहाँ मुंडेर नहीं है

पर ये तो सोचो ज़रा, कि जब वो सब कुछ देख-सुन रहा है
किसके, कितने, क्या गुनाह हैं, गिन रहा है
उसकी अदालत में कोई सुनवाई, कोई सबूत, कोई दलील नहीं
कोई गवाह, कोई वकील, कोई अपील नहीं
वही जेलर है, वही जज है, जो केस की सच्चाई ख़ुद जानता है
हर मुज़रिम की अच्छाई-बुराई ख़ूब पहचानता है
तो फ़िर ये क्या हेर-फेर है
इन्साफ़ में भला क्यूँ देर है

अक्सर लोग उम्मीद ही छोड़ देते हैं
कुछ तो इन्तज़ार करते-करते दम तोड़ देते हैं
अन्धेरे को अपना मुक्दर समझ कर
'उस' पर भरोसा करना ही छोड़ देते हैं

इस दुनिया में ऊपर वाले के इन्साफ़ को
लोग कुछ इस तरह से बयां करते हैं
जो सगझ में आता है, उसे कर्मों का फल कहते हैं
जो समझ से परे हो, उसे अगले-पिछले जन्मों पे डाल देते हैं

इतना सताया है, हालातों ने
कि हाल बताने लायक ना रहे
इतना लूटा है, रिश्ते-नातों ने
कि कोई हक जताने लायक ना रहे

इतना दर्द दिया है ज़िन्दगी ने
कि अब और आंसू आते ही नहीं
वो सब दिखा दिया हक़ीकतों ने
कि अब ख़्वाब दिल बहलाते ही नहीं

ऐ ख़ुदा, कितने ग़म और हैं तेरे खजाने में
बता दे, कि हम हिम्मत बनाए रखें
ज़िन्दगी फिसलती रहे पैरों तले
और हम, फिर भी पैर जमाए रखें

वो दिन भी दिखाए ज़िन्दगी ने
कि बड़े-से-बड़े हाथ जोड़े खड़े थे
और वो दिन भी दिखाए
कि प्यादे भी मुझ पर हँस पड़े थे

वक्त बिगड़ जाए, तो लोग मुंह मोड़ लेते हैं
अपना मतलब ना हो, तो अपने साथ छोड़ देते हैं

जो देखते थे मुझको मुड़-मुड़कर
वो अब देख कर पलट जाते हैं
जो सलाम ठोकते थे झुक-झुककर
वो हाथ मिलाने से भी हट जाते हैं

कुछ रीत ही जहां की ऐसी है
हैसीयत हो जैसी, इज़्ज़त बस वैसी है
कुछ देने को पास हो
तो चाहने वालों की भीड़ उमड़ जाती है
और, खाली हों हाथ
तो उन्हीं की नज़र बदल जाती है
उगते सूरज की आरती उतारी जाती है
ढलता है, तो अपनी परछाँई भी कहीं जा के छुप जाती है

ज़िन्दगी एक सपना है !!

रोज़ सुबह उठते हैं
कुछ सोचते हैं, कुछ करते हैं
कुछ रो कर, कुछ हँस कर
कुछ कल पर छोड़ कर, कुछ आगे की सोच कर
थक जाते हैं, सो जाते हैं
और फिर, अगले दिन वही सब दोहराते हैं

ज़िन्दगी सिर्फ़ एक सपना है
जो मिल गया वो आज है, अपना है
और कल, फिर एक नया सपना है

कितना भी कोई कह ले
कि बस आज ही का दिन है, हंसले-गाले
कल किस ने देखा है
पर ऐसा कौन है,
जिसने हर आज में कल का सपना नहीं देखा है

हकीकत में नहीं, सपनों में जीते हैं लोग
सपने ही खरीदते, बेचते हैं लोग
कहने को रिश्ते ज़रूर हैं दुनिया में
पर हर रिश्ते से जुड़ी हैं उम्मीदें, जुड़ा है एक सपना
जो निभा दे, वही आख़िर में होता है अपना
वरना बड़े से बड़ा रिश्ता भूल जाते हैं लोग
सपने टूट जाएँ तो टूट जाते हैं लोग
और इसी तरह, सपनों की दुनिया के चक्कर से
एक दिन छूट जाते हैं लोग

STOP
WASTING
TIME

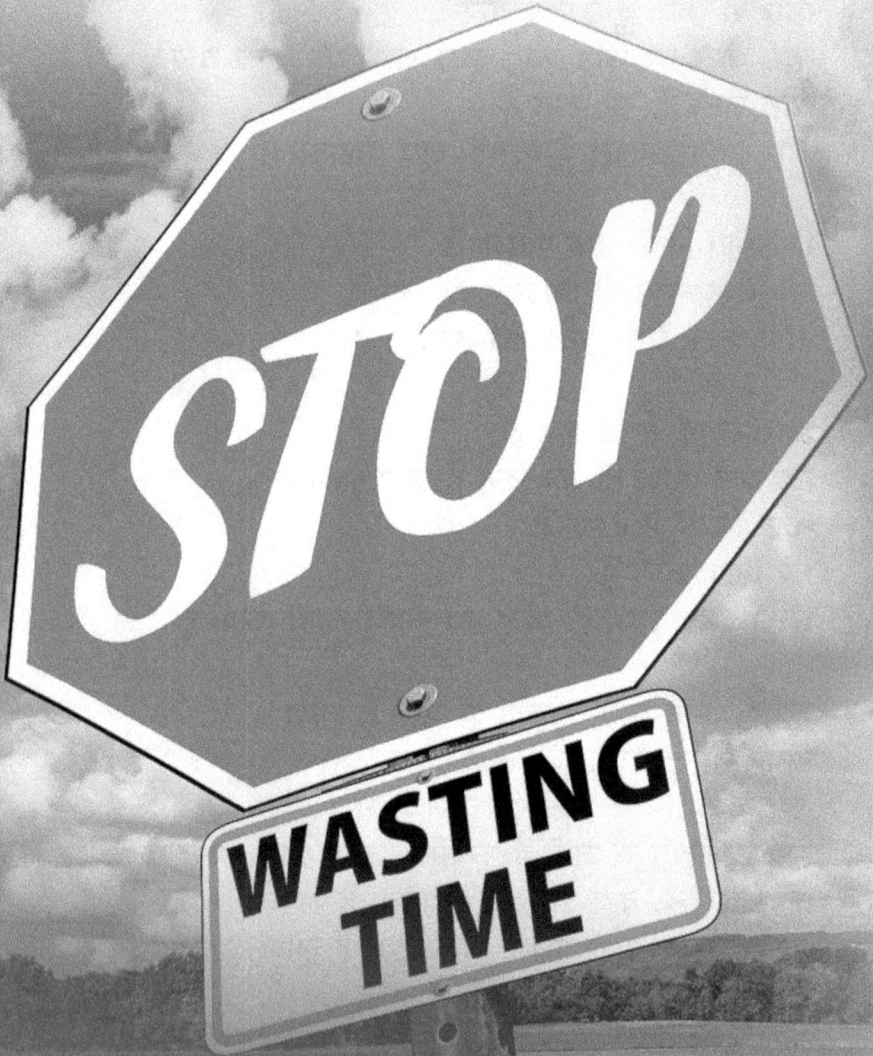

नासमझ बनकर हम दुनिया के प्यार को पीछे छोड़ते रहे
जिन्हें अपना माना था, बस उन्हीं के पीछे दौड़ते रहे
और वो अपने, हमेशा हमसे मुंह मोड़ते रहे
खिलौना समझ कर, हमारा दिल तोड़ते रहे

उम्र के साल, कुछ ऐसे बीतते रहे
कि शिकवे बढ़ते रहे, रिश्ते घिसते रहे
इन सबके बीच, हम लगातार पिसते रहे
नए ज़ख़्म तो मिले ही, पुराने भी रिसते रहे
परायों को अपना बनाया ही नहीं
और अपनों से बेवजह, पराये बनते रहे

ज़िन्दगी गुज़र गयी ये समझ पाने में
कि ना जन्म से, ना किसी और बहाने से
ना रिश्ते से, ना किसी अफ़साने से
अपने बनते हैं, सिर्फ़ अपनों के आपको अपनाने से

वो ताउम्र रहे, अपनी अकड़ दिखाने में
और हम बेकार ही लगे रहे उनको मनाने में
लगे रहे, बिना नींव का घर बनाने में
और ज़िन्दगी लुटा दी, एकतरफ़ा प्यार निभाने में

कहते हैं कि हर बात का एक समय होता है
जो भी होता है, सब पहले से तय होता है
उसकी एक जगह होती है, एक वजह होती है
अच्छा या बुरा, सब कर्मों का फल होता है

तू लाख इतरा ले कामयाबी पर अपनी
पर हर कामयाबी में 'उसका' हाथ होता है
कहते हैं, दवाएँ भी असर तभी करती हैं
जब किसी की दुआओं का साथ होता है

मजबूरी है, परेशानी में 'उसको' याद करना
अपनी ख़ुशी में भी तो याद फ़रमाया करो
वो ही एक अपना है, याद तो आख़िर ज़रूर आएगा
अच्छे में याद नहीं करोगे, तो बुरे दिन भी दिखलाएगा

बुरे दिन अच्छे दिनों से
बहुत अच्छे होते हैं
जहाँ अच्छे दिन, अच्छे से अच्छे को बुरा बना देते हैं
वहीं बुरे दिन, बुरे से बुरे को अच्छा बना देते हैं

जब कभी भी आते हैं
तो कर देते हैं सोचने पे मजबूर
और इन्सान एक बार
अपने अन्दर झाँकता है ज़रूर

ख़ुद कि अच्छाइयाँ-बुराइयाँ
साफ़ दिखा देते हैं
बुरे दिन सही मायनों में
इन्सान को अपने आप से मिला देते हैं
ज़िन्दगी की असलियत से पहचान करा देते हैं

घुटी-घुटी सी ज़िन्दगी, कोई जिये कैसे
ये ज़हर है मौत से बढ़ कर, कोई पिये कैसे

हरेक पल जैसे बुला रहा है, वीरानों और मुश्किलों को
बढ़ते कदम जैसे देख रहे हैं, सुनसान उजड़ी मंज़िलों को
पिटी-पिटी सी है किस्मत
मिटी-मिटी सी मुहब्बत
ना उनसे प्यार बाकी है, ना चैन उनको भुला कर
अंधेरा ही अंधेरा है, मेरे अंदर, मेरे बाहर

सभी को मुझसे, मुझको सबसे है, निराशाएँ
जो कुछ अपने हैं, उनकी बड़ी-बड़ी हैं आशाएँ
इन्हीं चिन्ताओं के बीच रह गया हूँ मैं, घिर के
सचमुच, कितना अकेला हो गया हूँ मैं, फिर से

मैंने तो ऐसा, ना सोचा था, ना चाहा था
बुरे वक्त को एक चुनौती समझ कर सराहा था
पर ज़िन्दगी, हाथों से जैसे दूर कहीं बह गयी है
अनजाने ही सही, शायद कोई भूल रह गयी है

उस भूल को आख़िर, अब भुलाएँ कैसे
ज़िन्दगी को वापिस, ढर्रे पे लाएँ कैसे

कितना भी दबा लो दर्द सीने में
डुबा लो ख़ुद को, छुप-छुप के पीने में
मायूसी झलक ही जाती है
तुम्हारे हँस-हँस के जीने में

दोस्तों में बैठ कर जो
थोड़ी सी पी लेता हूँ
ज़िन्दगी से भाग कर
यूँ ज़िन्दगी जी लेता हूँ

थोड़ी देर का बेफ़िक्रापन
लम्बी सी थकान मिटा देता है
ज़िन्दगी को झेलने की
फिर से हिम्मत जुटा देता है

इन्सान को पहचानो उसकी इन्सानियत से
ना कि रिश्तों की अहमीयत से
रिश्ते तो बदल जाते हैं
टूट जाते हैं, दग़ा भी दे जाते हैं
बिक जाते हैं, बेच भी जाते हैं
रिश्तों का कोई रिश्ता नहीं होता, रिश्तेदारों की नीयत से

रिश्तों के ग़ुलाम ना बनो
रिश्तों को ही, सलाम ना करो
सिर्फ़ रिश्तों से प्यार निभाने में उलझ जाओगे
तो प्यार के रिश्ते, कैसे समझ पाओगे

पूरी शिद्दत से, प्यार के रिश्ते बनाना सीखो
और फिर उन रिश्तों को, प्यार से निभाना सीखो

ना तुम बुरे हो, ना हम बुरे हैं
तो फिर हमारे बीच में ये बुराई क्यूं
माना कि ज़माना खिलाफ़ था
पर आपस में बेवजह लड़ाई क्यूं

अपनापन ना रहा, ना सही
एक-दूसरे से इतनी बेरुख़ाई क्यूं
आपस में भी सुलझा सकते थे मसले
फिर दुनिया में की रुसवाई क्यूं

कोई तो बुझा भी सकता था
दोनों ने आग भड़काई क्यूं
जब दोनों को ही चाहिये था सहारा
तो झुक जाते एक-दूसरे पर, दोनों ने अकड़ दिखाई क्यूं

आओ चलें दूर इस दुनिया से
बहारों से आगे, नज़ारों से आगे
आओ चलें

ये दुनिया है एक बागबां
ये ज़माना है बस एक समां
गुज़र जाएगा जाने कहाँ
यादों को बाहों के बन्धन में बांधे
बहारों से आगे, नज़ारों से आगे
आओ चलें

ये नाते ये दिल के रिश्ते
टूट जाते हैं खिंचते-खिंचते
दिल की नज़दीकियां भी कभी
दूरियाँ बनती हैं वक्त से
बहारों से आगे, नज़ारों से आगे
आओ चलें

ना कभी, किसी ने मदद की
ना कोई रास्ता दिखाया
मैं अकेला
मुश्किलों से गुज़रता आया

ना किसी का प्यार, ना हमदर्दी
ना कभी, किसी ने पूछा मेरा हाल
बस, कड़ी मेहनत की है मैंने
सारी ज़िन्दगी, दिन-रात, सालों-साल

पर अब मैं थक गया हूँ, टूट गया हूँ
शरीर से, मन से, हिम्मत से
अपने हिस्से का थोड़ा सा आराम मांगता हूँ
अपनी किस्मत से

थक गया हूँ तूफ़ानों को मोड़ते-मोड़ते
हार गया हूँ हालातों से लड़ते-लड़ते
ऊब गया हूँ वीरानों में बढ़ते-बढ़ते

जानता हूँ, कि मुसाफ़िर का धर्म है बस, चलते जाना
पर कहीं, कोई तो मिले आराम का ठिकाना
माना कि आंसुओं का अपना मज़ा है, फिर भी
कभी, कोई तो मिले हँसने का बहाना

काश ! कहीं कोई अपना सा मिल गया होता
बरसों से डूबा हुआ दिल, एक पल को खिल गया होता

कुछ अच्छा कर पाने की बहुत चाहत थी
बस, साथ निभाने के लिये, एक दोस्त मिल गया होता

मेरे सपनों में, अपने भी सपने सजा कर
कोई उन्हें सच करने में लग गया होता
मेरे सपनों की हकीकत बन गया होता

साथ दे कर मेरी मेहनत में, मेरी किस्मत में
मेरी हिम्मत, मेरी ख़ुशकिस्मत बन गया होता

ये दुनिया है, यहाँ सब एक से नहीं होते
कुछ बुरे भी होते हैं, सब तो भले नहीं होते
खुद भले बन जाने से ज़रूरी नहीं, कि मिल जाए भलाई
जब दूसरे के सर पर भूत सवार हो, तो करके रहता है लड़ाई
हमने तो देखा है, अक्सर हारती है अच्छाई
लाख देते रहो दुहाई
बात ना बढ़े, इसके लिये सहनी पड़ती है बुराई
अनुभव ये सिखाता है, कि जब बहुत बिगड़ी हुई हो बात
और आक्रामक होने को हों हालात
तो चुप हो जाओ, उठने ना दो अपना हाथ

क्योंकि गुस्से को गुस्सा, एक हद तक ही मारता है
लोहे को लोहा, हमेशा तो नहीं काटता है
जब दोनों तरफ़ हो तेज़ धार
तो टकराने से नहीं हुआ करती जीत-हार
सिर्फ़ आग निकलती है
कभी-कभी ईंट का जवाब पत्थर से देने में
दोनों की ही राख बिखरती है
जिस पर भी गिरती है, भस्म करती है
इस भस्म से खुद को बचाना सीखो
कभी-कभी अपनी इज़्ज़त को बचाने के लिये
झुठे अहं को पी जाना सीखो

ONE PENNY

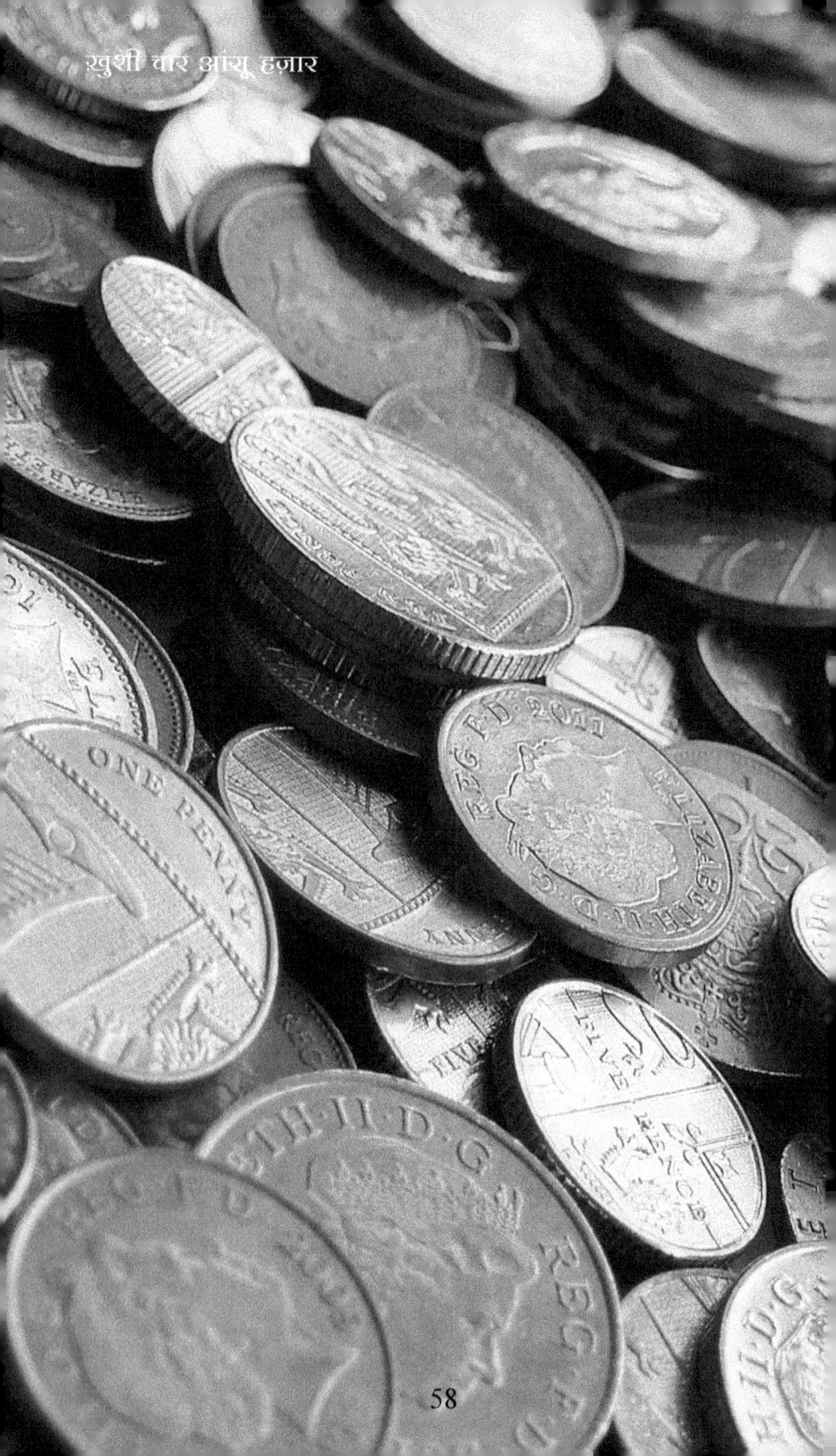

पैसा बुरी चीज़ है
दोनों ही सूरतों में करवाता है लड़ाई
ना हो तो नज़र चुराते हैं
हो तो नज़र लगाते हैं, अपने ही बहन-भाई

हमने ज़िन्दगी-भर एक-एक पाई
दिन-रात एक कर के कमाई
पर मशक्कत किसी ने देखी ही नहीं
और तरक्की किसी को रास नहीं आई

जो चार पैसे, जैसे भी बचाए
वो घर को सँवारने में लगाए
जितनी जो भी दौलत कमाई
वो सबकी ख़ुशी में काम आई

पर हमारी ये सादगी, ये भलाई
देखो क्या-क्या बेढंगे रंग लाई
सब हमसे ही जलते हैं
हमीं को देते हैं बुराई

और जब यही है आज की सच्चाई
तो कल की पीढ़ी से क्या उम्मीद सजाई

ये मेरा घर
ये चार दीवारें इसकी
ये ही तो दोस्त हैं
वीरान और तन्हा दिल की
ये देखती हैं रोज़
मेरी सुबह की रोशनी को भी
और जानती हैं
मेरी रातों के अन्धेरों की कहानी को भी
मेरी ख़ुशी में शरीक हो कर ये नाचती भी हैं
और मेरे ग़म में बहाती हैं आंसुओं को भी
इन्हीं ने प्यार से सहलाया है मुझे
मैं जब भी थक के घर आया
इन्हीं ने रास्ता दिखाया है मुझे
मैं जब कभी, कहीं भटक गया
इन्हीं ने प्यार बिखराया
किसी हसीन आँचल का
इन्हीं ने गीत है गाया
किसी रंगीन पायल का
ये वफ़ादार हैं
जो मेरे साथ कब से रह रही हैं
और ख़ामोश हो कर भी
ये मेरा हाल शायद कह रही हैं

जिनसे वफ़ा की उम्मीद थी
वो बेवफ़ा निकल गये
जिन्हें दोस्त माना था
वो दुश्मनों से मिल गये

दुनिया की चालबाज़ियों में हम
कुछ ऐसे लुट गये
कि अरमान ज़ुबां पे आने से पहले
दिल में ही घुट गये

सपने तितर-बितर हो जाते हैं
सूखे तिनकों से बिख़र जाते हैं
ताश के पत्तों के घर हैं ये
हल्के से झौंके से ढह जाते हैं

जब कोई अपना दग़ा दे जाए
बेवजह, बेवफ़ा हो जाए
तो शीशे के दिल, टूट जाते हैं
प्यार के रास्ते, पीछे छूट जाते हैं

मेरे हमसफ़र तो बन ना सके
हो सके, तो मेरे हमराह बने रहना
मेरी ख़ुशी तो बन ना सके
हो सके, तो मेरी आह बने रहना
एक रिश्ता तो फिर भी कहलाएगा
तुम मुझसे बेपरवाह बने रहना

आहें हज़ार छुपी हों दामन में
चार खुशियाँ भी यादों में बसी हों, तो काफ़ी है
जलने वालों से घिर के जल जाने में क्या रखा है
चाहने वालों के साथ दो घड़ियां मिली हों, तो काफ़ी है

जिन लोगों ने लूटा है मेरे वजूद को उम्र भर
ख़ुशी महसूस करता हूं अब, उनसे जुदा हो कर
अफ़सोस नहीं किसी के बिछुड़ जाने का
सुकून मिलता है, ख़ुद अपनी ख़ुशी का ख़ुदा हो कर

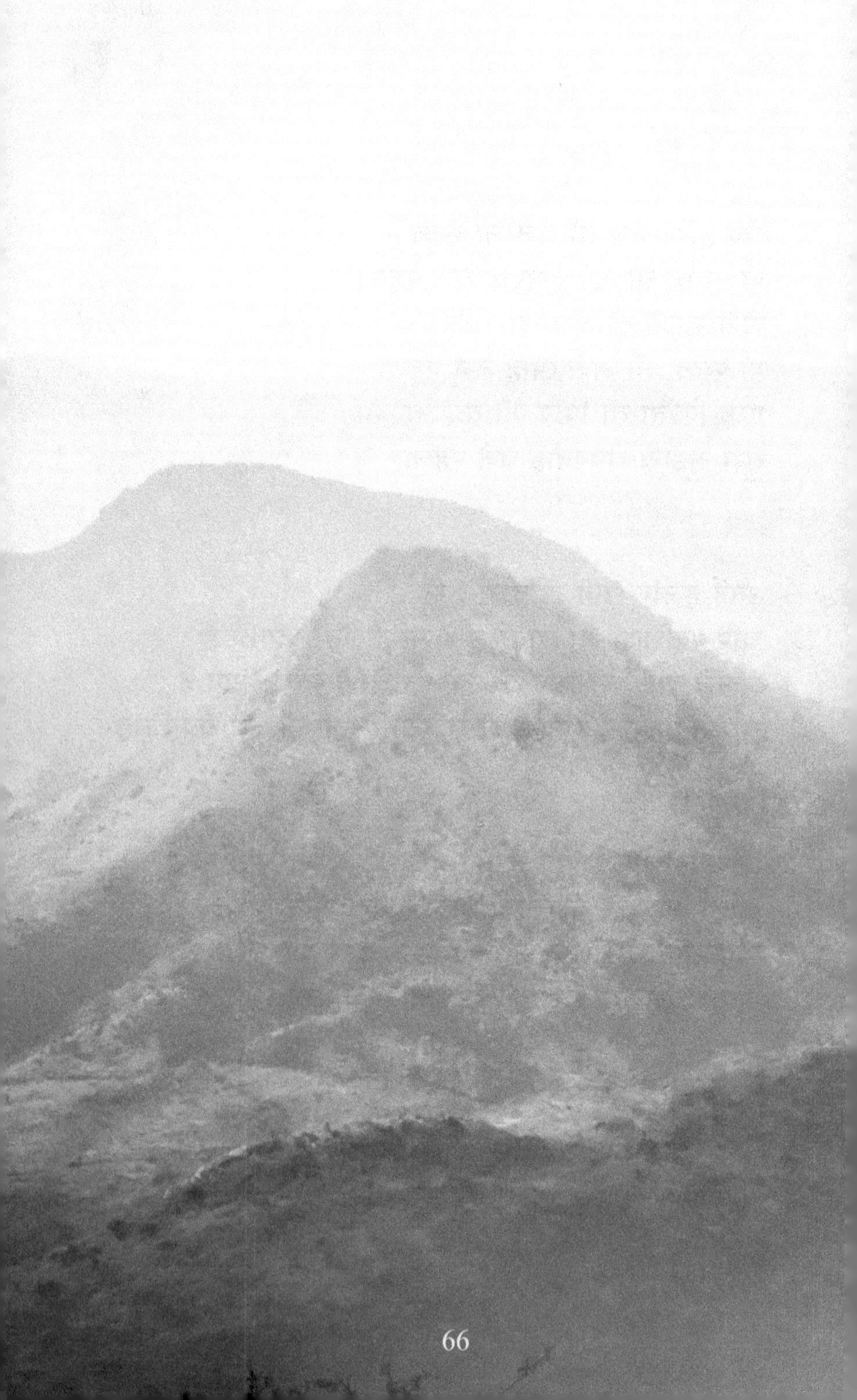

आवाज़ लगाता हूँ किसी अपने को
गूंज बड़ी दूर तक सुनाई देती है
सामने पहाड़ी पे दस्तक दे कर
वापिस मेरे कानों का रुख़ कर लेती है

कुछ देर में, मेरे प्यार भरे बुलावे पर
मेरी तन्हाई मुझसे मिलने चली आती है
सालों पुरानी उम्दा शराब से नशीले
ख़याली जामों से मेरा दिल बहलाती है

पुरानी यादें होती हैं, बहुत सी बातें होती हैं
छिड़ जाएँ वो किस्से, तो नटखट रातें होती हैं
यारों की महफ़िल में, हम उनपे हँस भी लेते हैं
और, फिर भागकर, चुपके से मुलाकातें होती हैं

पर अब, ना आपस के गिले-शिकवे
ना कोई चुगली, ना शिकायतें होती हैं
लड़कपन की शरारतों पर ठहाके फिर भी लगते हैं
कुछ इस तरह से बस, ख़ुद पे इनायतें होती हैं

खुशी चार आंसू हज़ार

68

हर दिन, आँखों में आंसु भर आते हैं
कभी आँखों में ही, तो कभी गालों तक आकर सूख जाते हैं
यूँ तो कौन पौंछता है किसी के आंसु
पर एक हम हैं, जो जान-बूझ कर दुनिया से छुपा जाते हैं

लोग रोते हैं अपनों से छूट जाने पर
वो क्या रोए, जिसका अपना कोई हैं ही नहीं
लोग रोते हैं अपनों से दिल की बात कह कर
वो क्या रोए, जिसके पास सर रखने को कोई कांधा ही नहीं
जिन्हें सबसे ज़्यादा अपना माना हमने
क्या कहें, वो ही अक्सर रुला जाते हैं
हर दिन, आँखों में आंसु भर आते हैं

सोचता हूं, क्यूं मेरे ही साथ ये होता हैं
काश ! कोई तो मुझे सच और सही समझ पाता
पर दुनिया में, सबको सब कुछ तो मिल नहीं जाता
कुछ लोग प्यार पाने की तड़प में ही, ज़िन्दगी काट जाते हैं
हर दिन, आँखों में आंसु भर आते हैं

हे ईश्वर ! तेरी ही सब माया है
उससे आगे, कब कोई, कुछ कर पाया है
हो सके, तो दो दिन सुकून के दिखा देना
समझ लूंगा, मैंने दुनिया से सब कुछ पाया है

बरसों की धूप से झुलसी ज़मीन पर
पानी की एक बदली सी छाई है
शायद बरस ही जाए
हमने तो बस, ये उम्मीद लगाई है
ग़र बरसी, तो घड़ा भर लेंगे हम
सूखा गला, कुछ तर कर लेंगे हम
और ना बरसी, तो समझेंगे
चलो कुछ देर के लिये राहत तो लाई है

भला हो उस हवा के झोंके का
जो उड़ा लाया इसे आज हमारे आँगन
वरना तो इन्तज़ार करते-करते
बीत गये, जाने कितने सावन

इसे देख कर मैं खुश तो हूँ
पर डरता भी हूँ
कि बरसने की बजाए
कहीं बिजली ना गिरा जाए
सूखे घर को भिगोने की बजाए
और ना जला जाए
ख़ाक में ना मिला जाए

ख़ुशी चार आंसू हज़ार

हर सुबहा नई आस दिला जाती है
कि ज़िन्दगी शायद संवर ही जाए
हर शाम फिर एहसास दिला जाती है
नहीं संवरेगी, भले तू मर ही जाए

कितने बरस बीत गये, इसी दिन-रात के फेरे में
कैसे उबारूं ज़िन्दगी, जो डूब गयी घने अंधेरे में

तूफ़ान के आसार हैं, अब पूरी तरह से
मन ऊब सा गया है, अब इस शामो-सहर से
ख़ामोशी का माहौल है, बाहर में और घर में
नई राह की तलाश है, अब मेरी नज़र में

कितने ही बरस बीत गये भाग-दौड़ में
ऐसा ना कुछ किया जो मन को ख़ुशी दे सके
अब वक़्त आ गया कि अपनी राह मोड़ दें
कुछ अपने लिये, कुछ समाज के लिये करें

अब तक दिमाग़ का कहा करते चले गये
अब एक बार, दिल का कहा मान कर चलें

छोटी-छोटी सी गलतियाँ
और उनकी बड़ी-बड़ी गलत-फ़हमियाँ
ज्वालामुखी बन कर फूटती हैं
जला देती हैं ज़िन्दगियाँ
गृहस्थियाँ सूखे तिनकों सी टूटती हैं

मैं लुट गया हूँ बेशक
पर अभी टूटा नहीं हूँ
ग़लत हो सकता हूँ बार-बार
मगर झूठा नहीं हूँ
इसीलिये, एक कोशिश
बिना थके किये जा रहा हूँ

बस, इस उम्मीद के भरोसे
जिये जा रहा हूँ
कि आख़िर एक दिन, ये दिन बदल ही जाएँगे
आज बुरे हैं, तो अच्छे भी ज़रूर आएँगे
उजड़ गयी है जो दुनिया, वो संवर जाएगी
ज़िन्दगी एक बार, फिर से खिलखिलाएगी

हाँ, ये ज़रूर सोचता हूँ मैं अक्सर
कि बात, जो इस हद तक बिगड़ चुकी है
उसे कोई बनाए, तो बनाए कैसे

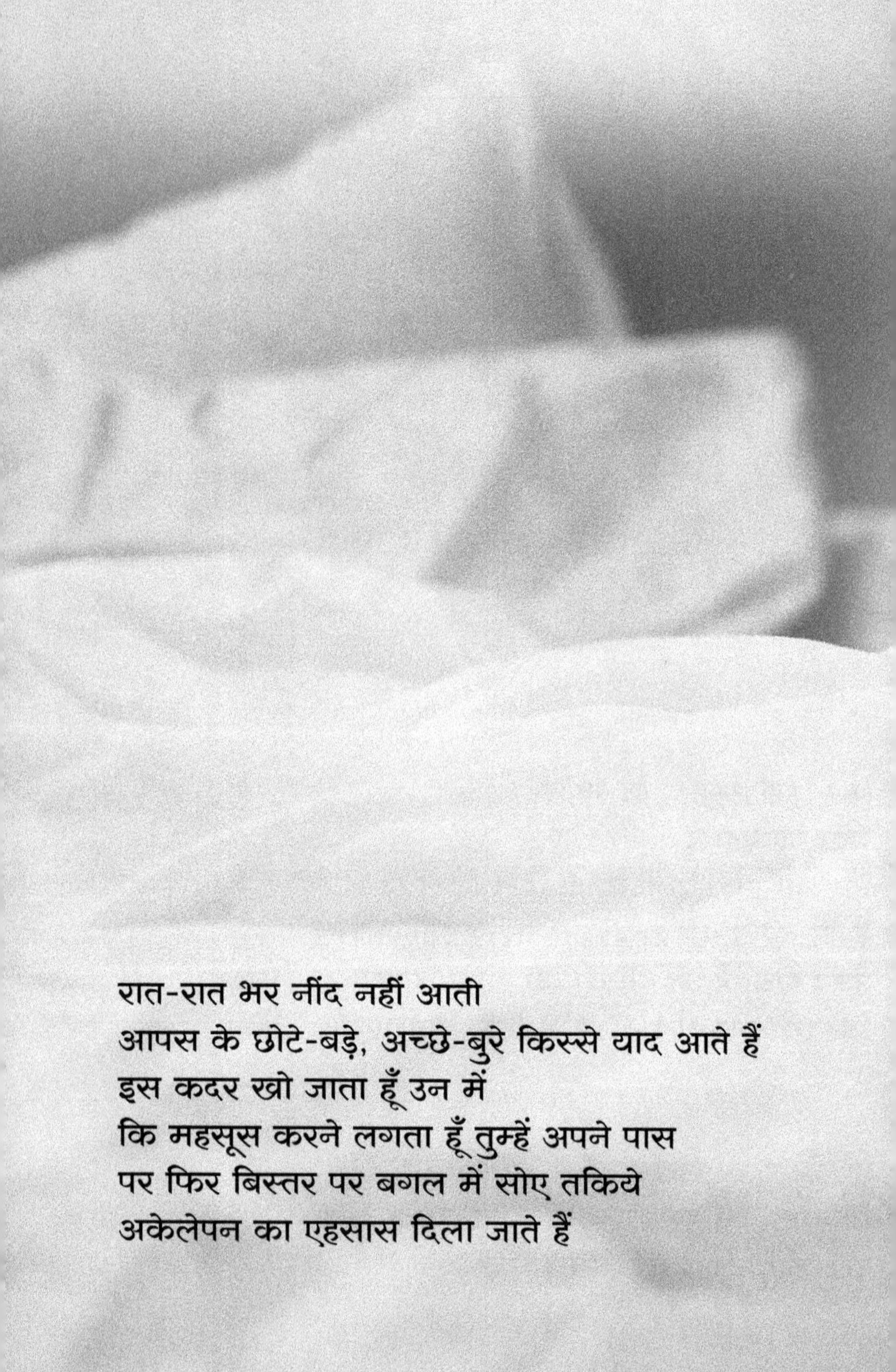

रात-रात भर नींद नहीं आती
आपस के छोटे-बड़े, अच्छे-बुरे किस्से याद आते हैं
इस कदर खो जाता हूँ उन में
कि महसूस करने लगता हूँ तुम्हें अपने पास
पर फिर बिस्तर पर बगल में सोए तकिये
अकेलेपन का एहसास दिला जाते हैं

यूँ तो अपना हर काम मैं खुद भी कर लेता हूँ
पर तुम्हारे हाथ में कुछ बात अलग होती है
या यूँ कहूँ कि तुम मेरे लिये हो
ये अधिकार समझने में अजीब सी खुशी छुपी होती है
इस थोड़े से प्यार, थोड़े से अधिकार के बदले में
तुम पे सब कुछ लुटा सकता हूँ
जो भी हूँ, जैसा भी हूँ, तुम्हारा हूँ
फ़िलहाल तो बस, ये कसम उठा सकता हूँ

प्यार का एहसास भी अजीब होता है
जाने कैसे, कोई दिल के इतना करीब होता है
कि उसे पाने की धुन
सारी दुनिया को भुला देती है
और उसे खोने की छोटी सी आहट
अन्दर तक रुला देती है
पर सच तो ये ही है
कि प्यार को संजोए रखना
किसी-किसी का ही नसीब होता है

जिन्हें अपनी ज़िन्दगी में
सजा रखा था हमने
वही ज़िन्दगी की सज़ा बन गये
जिन्हें इज़्ज़त बख़्शी थी
अपना नाम दे कर
वही हम पे हँसने की वजह बन गये
जिनकी ज़िन्दगी
ख़ुशनुमा बनाने के लिये मिटते रहे हम
क्या कहें, वही हमारे लिये बद-दुआ बन गये

अब किसी अपने पे भरोसा नहीं होता
अपनों ने अपनापन कुछ ऐसे निभाया है
जिसे अपने से ज़्यादा अपना मान लिया था
उसने अपने ही लिये मुझे दांव पे लगाया है

अपने अन्दर की घुटन को भुला कर
रोज़ निकल पडता हूँ, ये उम्मीद सजा कर
कि रात भर छाया तो ना मिली
चलो दिन में ही, कभी तो ढलेगी धूप
यही सोच कर मुस्कान के मुखौटे में
छुपा लेता हूँ हज़ारों आंसूँ
और झट से बदल लेता हूँ मैं अपना रूप

काश, कोई तो देख-समझ पाता मेरी बेहाली
अंधेरा, मायूसी, और चारों तरफ़ से खाली ही खाली
जाने कब, कहाँ ख़त्म होगा मेरा ये सफ़र
मांगता रहता हूँ अपने लिए ये दुआ अक्सर
ऐ मालिक, मंज़िल ना सही
तो दिखा सही रास्ता मुझको
तुझसे भरोसा ना उठ जाए
मेरी आस्था का वास्ता तुझको

खुशी चार आंसू हज़ार

जो गुज़र रही है
वो कोई ज़िन्दगी तो नहीं है
बस एक उम्र है
जो कटे जा रही है
दुनिया ने कुछ भी नहीं दिया, ऐसा तो नहीं है
पर जो सबको मिलता है, वैसा मेरे पास कुछ भी नहीं है

बचपन गुज़र गया, जवानी भी ढल गयी है
लगता है जैसे उमर निकल गयी है
काश, एक दिन ऐसा भी निकलता
जब लगता, कि मेरी मेहनत सफल हुई है

किसी से कोई शिकवा-शिकायत नहीं है
पर सच कहूँ, तो अब किसी से मुहब्बत भी नहीं है

ज़िन्दगी से आख़िर शिकायत कैसी
सब की तक़दीर नहीं एक जैसी

कभी कुछ कम, तो कभी ज़्यादा मिला है
ज़िन्दगी के सफ़र का यही सिलसिला है
कहीं धूप मिलती है, तो कहीं छाया
फिर भला किसी से, कैसा गिला है

ज़िन्दगी भरपूर जी सकते हो
हालात चाहे कैसे भी हों
ज़रूरत है, तो अपने में मस्त रहने की
राहों में ग़म, चाहे जैसे भी हों

गुज़रते सालों में, ज़िन्दगी का नज़रिया बदलने लगा है
जवानी की चमक छोड़ कर, बचपना फिर अच्छा लगने लगा है
मन्ज़िल पे नज़र रहती थी हरदम
अब रुक-रुक के, रास्तों को निहारना अच्छा लगने लगा है

खून की गर्मजोशी में सूरज को भी कोस देते थे अक्सर
अब फिर से नहा के धूप सेकना अच्छा लगने लगा है
बन्द गाड़ी पर बरसती बूदें भी झुंझला देती थी अक्सर
अब खुली बारिश में भीगना अच्छा लगने लगा है

ऊपर चढ़ने में फ़ख़्र समझता रहा मैं
अब गड्ढों में कूदना अच्छा लगने लगा है
बड़ी-बड़ी बातें कुछ बची ही नही
छोटी-छोटी पहेलियाँ बूझना अच्छा लगने लगा है

सोचता हूँ, कितना कीमती हुआ करता था मेरा वक्त
अब खाली बैठ कर, वक्त गुज़ारना अच्छा लगने लगा है
ज़िन्दगी पूरी तरह से ओन्लाइन हो गयी थी
अब अख़बार के बेख़बर पन्ने पलटना अच्छा लगने लगा है

लोग क्या कहेंगे, यही सोचता रहा मैं
अब खुद पे हँसना अच्छा लगने लगा है
दूसरों के लिये मरता रहा मैं उम्रभर
अब अपने लिये जीना अच्छा लगने लगा है